本当においしい肉料理はおウチでつくりなさい

水島弘史

はじめに
家庭でつくる肉料理が一番おいしい！

　ここ数年、なんだか「お肉」が大ブームです。国産のブランド肉は牛、豚、鶏ともに花盛り。あちこちに「肉バル」なんてお店もたくさんできて、羊もジンギスカンばかりでなく、広く食べられるようになってきました。
　鹿やイノシシ、キジなどジビエ（狩猟で捕った野生の鳥や獣の肉）の人気も高まっています。エイジングビーフ（熟成牛肉）を売りにするレストランもたくさん登場していますね。ひと昔前、どんな種類であれ「肉」というだけでごちそうだった時代は遠くなりました。

　糖質を控えめにしてダイエットにとり組んでいる人にとっても、脂質さえとりすぎなければ、カロリーをあまり気にせず食べられる「肉類」は魅力的な食材です。
　また、一般的には肉より魚を好む高齢者であっても、もっと積極的に肉を食べたほうが健康によい、と言われるようにもなりました。
　こうしたニーズを背景にしてか、さまざまに工夫をこらした肉料理のお店が身近になり、いろいろな種類、部位の肉が流通するようになったことで、多くの人たちが「自宅でもっとおいしく肉料理をつくりたい」「肉のあつかい方や基本について知りたい」と思うよ

うになってきたようです。

　というわけで、今回は家庭でお肉料理を一番おいしくつくる方法について、みなさんにお伝えしていきます。素材は、牛、豚、鶏、羊。ただ、牛肉を使うレシピであっても、他の肉に置き換えても作り方にほとんど違いはありません。ひき肉は「合いびき」を使う例を紹介していますが、牛のみ、豚のみ、鶏のみのひき肉でもつくり方はまったく同じ。本で紹介できるレシピ数は限られていますが、この本では特に「別の肉でも応用しやすいもの」を選びました。

　日ごろ「弱火調理」を推奨することが多い私ですが、今回はグリルプレートを使った「強火」の調理法もご紹介します。「弱火で焼き上げた皮パリパリのジューシーチキンソテー」もおいしいけど、「強火で一気に焼いたサーロインのミニッツステーキ」も絶品ですよ。

　ご家庭でも、お料理があまり得意ではない方でも、必ず上手にできる方法をたくさんご紹介します。ぜひ、みなさんでお肉料理を楽しんでください。

水島弘史

contents

はじめに——
家庭でつくる肉料理が一番おいしい！

肉料理の基本 ⑦
まずはルールと法則について

すべての肉に当てはまる、
おいしい肉料理の法則 ……… 08

肉が固くなるのは
水分が急速に失われるから ……… 09

「50℃前後」を
ゆっくり通過させる ……… 12

肉料理の
「よくある質問」に答えます！ ……… 14

用意していただきたいもの ……… 20

01 ロースト ㉑
肉好きならぜひマスターしたい、
失敗知らずの調理法

① パーティや記念日に
ぜひつくりたい迫力の一品
ローストチキン ……… 26

　column
　鶏の下処理、しばり方 ……… 29
　オイルペーパーでの覆い方 ……… 32

② 基本はハンバーグと同じ。
パウンドケーキ型で華やかに！
ミートローフ ……… 34

③ 肉といえばコレ！ オーブンを使えば
自宅でレストラン並の焼き上がり
厚切り牛ヒレステーキ ……… 38

④ 焼きたてはもちろん、
冷めてからもおいしい！
ローストポーク ……… 42

02 ソテー ㊺
フライパンを"弱火"で
使いこなせば失敗知らず！

⑤ おなじみの家庭料理が見違える味に！
チキンソテー ……… 48

⑥ 大定番なのに失敗も多い料理を
確実においしく仕上げるコツ
ハンバーグ ……… 50

⑦ バルサミコとはちみつで
「いつもと違う！」と言わせる味に
豚肉のしょうが焼き ……… 52

⑧ 独特の香りを生かして
レストラン級の仕上がりに
ラムチョップのソテー ……… 54

03 グリル ㊼
実は魚だけじゃない！
肉でも活用できる魚焼きグリル

⑨ 魚焼きグリルで
フライパン以上においしくできる！
骨つき鶏もも肉のグリル焼き ……… 60

⑩ 霜降りサーロインが手に入ったら
この焼き方で堪能しよう！
サーロインステーキ …………… 62

04 ボイル (65)

この“ひと手間”で長時間煮込んでも
肉がパサつかなくなる

⑪ 肉もスープもおいしい！
手軽で豪華なごちそう
スペアリブのポトフ …………… 68

⑫ 牛すき焼きより気軽で
ボリュームたっぷりの新定番！
鶏すき煮 ………………………… 70

⑬ 固い角煮はもう卒業！
脂も抜けるからさらにヘルシー
豚の角煮 ………………………… 72

⑭ 安いすじ肉もひと手間かけるだけで
気のきいた一品に！
牛すじの煮込み ……………… 74

05 フライ・コンフィ・ムニエル (77)

“あげ物”の概念が変わる！肉のおいしさを
引き出す、油を使った調理法

⑮ 冷たい油から
ゆっくり二度あげすれば失敗なし！
鶏のからあげ ………………… 80

⑯ 手軽な値段の輸入肉が
高級料理に大変身！
ビーフカツレツ ……………… 82

⑰ 新鮮なレバーが手に入ったら
ぜひ試してほしい！
レバームニエル ……………… 84

⑱ オーブンを使って家庭で
手軽につくれるフレンチの定番
骨つき鶏もも肉のコンフィ … 86

06 スチーム (89)

低温の蒸気で加熱する
しっとり感重視の調理法

⑲ 中華料理の定番前菜。
お店以上のおいしさを目指せます！
蒸し鶏 ………………………… 92

⑳ 実は餃子よりずっと簡単！
とっておきのひと品に
ポークシュウマイ …………… 94

編集協力　小幡恵
撮影　藤木裕之
本文デザイン　FANTAGRAPH
本文DTP　センターメディア

肉料理の基本
Basics of meat dishes

まずは
ルールと法則
について

すべての肉に当てはまる、おいしい肉料理の法則

　この本では肉料理を6つの調理法に分類し、説明しています。
　分類とその定義は次の通りです。

①**ロースト**　（密閉されたオーブン内で、温められた空気の熱で加熱し、庫内の壁からの輻射熱で素材の表面に焼き色をつけたり固めたりする）
②**ソテー**　　（フライパンなどの鉄板に肉を直接のせて加熱する）
③**グリル**　　（グリルパンや魚焼きグリルなど、熱源の輻射熱を利用して加熱する）
④**ボイル**　　（湯やスープなどで肉をゆでる、または煮て加熱する）
⑤**フライ、コンフィ、ムニエル**
　　　　　　　（油の中で肉を加熱する）
⑥**スチーム**　（蒸気の熱で加熱する）

　①から⑥の調理法には、基本的な「法則」があります。最もわかりやすいのは、オーブンを使う「ローストの法則」でしょう。
　今回、最初にオーブンの使い方から説明していますが、これはせっかくオーブンを持っているのに、「なんとなく難しそう」と、ほとんど使っていないという方が多いからです。

肉料理の基本

　また、鶏の丸焼き、ひき肉を使うミートローフ、かたまり肉のローストポーク。この３つは、ひとつのオーブンで同時につくることができます。実際に、私が主宰する料理教室では３つ同時につくる実習もしています。
　なぜそんなことをするかというと、どんな肉にも当てはまる次のような法則があるからです。

【法則１】
「焼く前に重さをしっかりはかり、120℃に予熱したオーブンに入れ、肉の重さが焼く前の93％になるまで焼く」

　だから同じオーブンで同時につくれるのです。すべて同じ重さの肉なら、すべてほぼ同時に焼き上がることになります。

肉が固くなるのは
水分が急速に失われるから

　さらに、次の法則は①から⑥まですべての調理法に共通します。

【法則２】
「塩の量は完成したときの食材の重量の0.8％になるようにする」

調理の味つけは基本的に「塩」。こしょうやほかのハーブ、ソースやタレなどは、「プラスアルファ」にすぎません。この法則は、肉でも魚でも野菜でも同じなのでぜひ知っておいてください。
　0.8％というのは、生理食塩水とほぼ同じ濃度。人間は、この濃度を本能的に一番「おいしい」と感じるようにできているのです。
　肉は調理すると水分や脂がある程度抜けて軽くなります。本書にも、「材料」に塩の量の目安が書いてありますが、これは軽くなる分を想定して計算した数値です。

　まず塩の法則、そして調理法別の法則——。この２つを頭に入れておけば、肉料理で失敗することはまずありません。
　さて、基本ルールはすべての種類の肉に適用できますが、もちろん牛、豚、鶏、羊のそれぞれに特徴があり、また部位によっても調理法はやや異なります。
　一番大きな違いは、肉の種類というより、どちらかといえば「部位」です。つまり、牛すじ肉のように固いもの、鶏のささみのようにやわらかいもの、骨つきのものといった違いです。固いものはやわらかくなるまでに時間がかかり、やわらかいものは70℃程度のお湯につけておくだけで火が通ります。また、骨つきのものは骨の側からじっくり加熱すると肉の骨離れがよくなります。

　しかしどんな種類の肉でも、私が基本的に肉料理で目指しているのは、

「肉の水分流出をできるだけ防ぎ、ジューシーでやわらかく仕上げる」ということ。

それを実現するのが次の大原則です。

【肉料理の大原則】
「低温、低速でゆっくり加熱する」

　肉の細胞は「動物が生きていたときの体温」（牛、豚、鶏ともに人間より高い40℃弱〜42℃）より高くなると、タンパク質が変質しはじめます。そして、50℃前後で目に見える変化が起きます。まず色が白っぽく変わり、タンパク質が固まる、水分が出る、肉が縮む、アクが出るといったことがどんどん起きはじめるのです。肉が固くなるのは、この温度帯で水分が急激に失われることに原因があります。

弱火でじっくり加熱を続けると、肉はこうなる！

20℃前後	室温
40℃前後	常温（動物の生体温度＝体温）を超えると色が変わり、少しずつ縮みはじめる
50℃前後	筋繊維が収縮して固くなり、細胞内の水分とともにアクが外に出てくる
70℃前後	肉のタンパク質が分解されてアミノ酸（うまみ）に変わる
80℃前後	コラーゲンがゼラチンに変性、さらにやわらかくなる
180℃前後	香ばしい焼き色がつく

つまり肉を加熱する際に一番大事なのは、「50℃前後の温度帯をできるだけゆるやかに、ゆっくり通過させていく」こと。だからこそ、「オーブンは120℃の低温で」（ロースト）、「冷たいフライパンにのせる」（ソテー）、「水からゆでる」（ボイル）、「冷たいサラダオイルでとんかつをあげる」（フライ）といったことを行っているのです。

　オーブンが120℃に予熱されていても、鉄板に肉を直接押し当てるわけではありませんから、肉表面もゆっくりと温まっていきます。

「50℃前後」をゆっくり通過させる

　肉料理の失敗としてよく挙げられるのは、以下のようなものです。

「外が焦げているのに中まで火が通っていない」
「骨つき肉を焼いたら、骨の周囲がまだ赤かった」
「肉を長時間煮込んだら、パサパサになって肉の味が抜けてしまった」
「ステーキを焼いたら縮んで固くなってしまった」
「レアを目指したら、中がまだ冷たかった」

　これらの失敗は、ほぼすべて「最初の加熱が急激すぎた」ということが原因です。

肉料理の基本

　長時間煮込む場合でも、最初にゆっくり低温で火を通してから水分を加えれば、1時間煮ても肉はしっかりうまみと水分を含んだまま。そのまま加熱を続けるとやわらかくなり、コラーゲン部分はとろとろになっていきます。
　つまり、最初に「50℃前後の温度帯」をなるべくゆっくりと通過させて火を通せば、「スープはおいしいけど、具材の肉はだしガラみたい」なんていう失敗は絶対に起こりません。これは、鶏すき焼きでも、寄せ鍋でも、ビーフシチューでもまったく同じです。
　私は寄せ鍋をつくる場合でも、鶏肉やつくね、魚の切り身などはあらかじめ水から弱火でゆっくり70℃前後まで温度を上げてからいったんとり出し、食べる直前に鍋に入れる、という方法をおすすめしています。ゆでたお湯は沸騰させてアクをとり、塩を加えて鍋のスープにするのです。こうすると、肉も魚介もまったくパサつかず、しかもアクが出ない、スープはすでに絶品、という寄せ鍋が完成します。

　表面が波形になったグリルプレートを使う62ページのサーロインステーキなどは、例外的に「高温」「強火」を使っていますが、他の料理はほぼ「低温」「低速」が基本です。
　もちろんどんな肉でも「多少固くなってもいいから、早く焼きたい！」「固いほうが好き！」という場合は、お好みに応じて、少し温度や時間を変えてもかまいませんが、まずは基本通りの方法で試してみてください。

肉料理の「よくある質問」に答えます!

Q01 冷凍肉はどうやって解凍すればいいの?

　冷凍肉の場合は、解凍法よりもむしろ「冷凍法」が品質を大きく左右します。密閉後に急速冷凍されたものがベスト。このような状態のものなら、急激に温度を上げずに、密閉された状態のまま氷水につけて解凍するのがいいでしょう。流水解凍でもかまいません。「ブロック肉は冷蔵庫で2日かけて解凍せよ」と言われることもありますが、そこまでしなくてもまったく問題なし。ただし、「電子レンジの解凍機能」はまずうまくいかないので、避けてください。

Q02 あまった肉を家庭で冷凍するには?

　家庭での急速冷凍は難しいですが、できるだけ速く凍らせるためにはしっかりした密閉ビニール袋に入れて空気を抜いて閉じ、熱伝導性のよい金属製のバットなどにのせて冷凍庫に入れましょう。

Q03 「肉のくさみをとる」って、どういうこと?

　くさみというのは、肉から出てきた劣化代謝物です。スーパーの肉などを買ったとき、トレイに流れているドリップもくさみのもと。放置すればそこが雑菌の温床となり、腐敗がはじまります。きちんとした店で売られている肉を冷蔵庫で保存して1、2日のうちに調理する分には、特別な「くさみとり」は必要ありません。

肉料理の基本

お酒やハーブで「くさみとり」をするとも言われますが、もし雑菌が繁殖していたり腐敗していたりしたら、その程度では殺菌も消毒もできるはずがありません。

レバーの場合も、牛乳につける方法がよく紹介されますが、新鮮なものなら必要なし。気になるようであれば、40℃、0.8%～0.9%の生理食塩水にしばらくつければ十分です。

Q04 「つけ込み」で肉をやわらかくできる？

ワインや酢など、酸性のものは肉をやわらかくする効果があります。また、タンパク質分解酵素を持つパパイヤ、パイナップルなども肉をやわらかくする効果はありますが、短時間いっしょに焼いた程度では、肉の表面が少しとける程度で内部にさほど大きな効果はありません。濃い塩水につけておく方法もありますが、これは濃度の高い食塩水で細胞内の筋原繊維が壊れるためです。

Q05 いくら新鮮でもひき肉の脂分や独特の匂いが気になります。

その場合、冷たいフライパンにひき肉を入れ、ひき肉100ｇに対して50ｇほどサラダオイルを注ぎましょう。弱火～弱い中火にかけてゆっくり加熱していくと、ひき肉から脂やアクがどんどん出てきます。「低温のサラダオイルで洗う」イメージです。出てきた脂を捨てながら、じっくり加熱を続けて、ひき肉から赤みがなくなればOK。ザルなどでしっかり脂を切って、そぼろやキーマカレーに使ってみてください。脂や気になる匂いもなくなり、しかもうまみは

抜けないので、ふっくらしたひき肉になります。

Q06 最後に「焼き色」をつけるのはなぜ？

　低温・低速調理だと、特にオーブンでは「焦げ目」はなかなかつきません。そのため、最後に高温のフライパンで焦げ目だけをつけたり、オーブンの温度を上げたり、あるいはオーブンレンジの「グリル機能」を最後だけ使う、という方法でも「焦げ目」「焼き色」はつきます。

　これは、火が通った肉の表面に直火を当てることで、表面だけに「メイラード反応」と呼ばれるものを起こすのが目的です。

　これが起こると細胞内のアミノ酸と糖が色づき、香ばしい香りがします。すき焼きをするとき、しょうゆとお砂糖が煮詰まっていい香りがするのも同じ原理です。メイラード反応は155℃前後にならないと進まないため、120℃のオーブン調理では焼き色がつきません。

　だからといって、最初から高温で焼き色をつけてしまうと肉が急激に縮み、水分が失われて固くなるため、最後につけるようにしているのです。

　焼き色がつくと、見た目もおいしそうでパリッとした食感も楽しめます。ただ、シェフによっては、「最もよい状態に加熱できていれば、ステーキでも焼き色をつけないほうが肉本来の味を楽しめる」という人もいます。

肉料理の基本

Q07 骨つき肉がうまく焼けません

　火が入ったと思ったのに、切ってみたら骨のまわりに赤い部分が残っていた……という失敗はよくあります。また、骨の周囲がとても食べにくい、ということも。それを防ぐには、骨をよく焼くこと。スペアリブなど片側に骨がある場合は、フライパンなら骨を下にして（アーチ状になっていても大丈夫）、しっかりと弱火〜弱い中火で火を通しましょう。骨と肉が離れにくいのは、骨のまわりの「骨膜」に火が通っていないためです。骨の断面の中心部の赤い部分が黒くなるまで火を通せばOKです。

　骨つきの鶏もも肉をフライパンで焼く場合は、包丁で少し骨を露出させるようにすると火がうまく伝わります。「鶏のチューリップあげ」という料理がありますが、あれと同じような状態にすればいいのです。

　焼き鳥に竹串を打つのは食べやすくするためだけではなく、竹串を通して肉内部の温度をゆるやかに上げるためでもあります（金属の串だと伝導性がよすぎて肉が固くなります）。同じように、骨部分を加熱することで肉に隠れて見えない部分にも火が通るのです。

Q08 薄切りの肉も弱火調理がいいのでしょうか？

　この場合はお好みです。やわらかさを重視したければ、薄切りでも冷たいフライパンからゆっくり加熱しますし、香ばしさを優先したければ肉の切れ端を最初に入れてフライパンを加熱し、焼き色がつく温度になったところで肉を入れてください。

しょうが焼き、薄切り牛をソテーするときなども同じです。ただ、あまり高温にしてから肉を入れると、すぐに反り返って固くなりすぎたり、焦げたりするのでご注意ください。

Q09 水島先生の方式でハンバーグをつくりましたが、何度やっても切ったときに肉汁があふれません。失敗でしょうか？

　失敗ではありません。私がおすすめしている方法は、「肉汁」が流れ出てくるタイプではなく、肉そのものの内部に水分がとどまっているタイプです。肉汁状のものがあふれるようにするには、ハンバーグでも餃子でも、水を加えて練ったり、加熱するととけ出すゼラチン状のスープをひき肉に入れたりします。

　こういうタイプの場合、手でこねても脂がとけてベタベタするだけで肉同士がしっかり結着しません。特に水やスープを加えていなくても、急激に加熱すると肉の水分はフライパンで焼いているうちに流れ出てしまいますから、必然的に最初に周囲を「焼き固める」という方法をとる人が多いのです。

　ただ、いくらハンバーグの中に水分をとじ込めても、肉から肉汁があふれてしまっているのは同じこと。私は、肉の内部に水分を保持したジューシーさ、ひき肉のうまみをちゃんと味わえるハンバーグになるようにしているので、「切ったとたん、お皿に肉汁が流れ出すタイプ」は、あまりおすすめしません。

肉料理の基本

Q10 肉に限りませんが、「弱火」「弱めの中火」の基準がわかりません

　家庭用のガス台の場合、「火力調節のつまみ」を見てもよくわからないと思います。まず五徳にフライパンをのせて火をつけ、真横から炎を見てください。明るすぎて炎が見えないときは、少し暗くして見てみましょう。炎がフライパンの底につかない状態が「弱火」です。つくかつかないかギリギリのあたりが「弱い中火」です。

　完全に底についている状態は「中火」と考えてください。カセットコンロなどを使う場合も同じように考えます。お湯をわかすときなどに「強火」を使う場合は、鍋やフライパンの底から炎がはみ出さないようにしましょう。それが最も効率のいい「強火」です。

火加減の見かた

真横から見て、炎の先端が鍋底にまったく当たらない状態。

炎の先端が、鍋底にわずかに当たるか当たらないか、という状態。

炎の先端がちょうど鍋底に当たっている状態。

炎が鍋底全体に当たっていて、しかも鍋の周囲にはみ出していない状態。

用意していただきたいもの

計量スプーン（1gがはかれるもの）

小さじは5gですが、これだけでは正確にはかれません。また、塩については「適宜」「適当」「目分量」などの表記がよくありますが、味を決める大事な要素なので本書では厳密にはかります。もちろん私も、必ず爪の先ほどの小さなスプーンで塩を正確にはかりながら料理をつくります。

クッキングスケール

重さをはかるのは肉料理の基本。ボウルやお皿に入れたままでもはかりやすいデジタル式のものが一番便利です。2kg程度まではかれるものを選びましょう。

計量カップ

この本では、ほとんどの食材を「グラム数」で表示しています。水は「1cc＝1g」ですが、サラダオイルは水より比重が軽く、「1cc＝0.9g」です。

200℃まではかれる水温・湯温計

水、油の温度をはかるのに必須なので、ぜひ用意してください。

オーブンメーター

オーブン庫内の実際の温度は、設定温度と10℃以上違っていることもザラにあります。オーブンレンジのメーカーや機種によってもまちまち。オーブン料理に自信がつくので、ぜひ手に入れてください。

キッチンタイマー

焼き時間、ゆで時間をはかる際に必須です。複数の作業を同時進行する場合もあるので2つあるとさらに便利。

電卓、メモ

これはスマホでもかまいませんが、「肉の重量の0.8％」とか「肉が最初の重さの93％になるまで」といった計算をするとき必要になります。こうした計算がよく出てくるので、使いやすく見やすいものをキッチンに常備しておいてもいいでしょう。

01 ロースト
Roast

肉好きならぜひマスターしたい、失敗知らずの調理法

焼き方ひとつで味はこんなにも変わる！

　ローストというのは、「オーブンを使って焼いたもの」を指します。オーブン機能つきの電子レンジを持っているのに、「なんとなく難しそうでほとんど使ったことがない」という人も多いはずです。
　しかし、オーブン料理というのは実は非常に簡単で、しかも失敗が少ない調理方法です。多少時間がかかることが多いですが、基本的には「予熱して、中に入れて放置」ですから、お料理に自信がない人こそ、どんどん積極的に使ってほしい。
　しかも、なんといってもオーブンは「肉料理」でこそ力を発揮してくれます。どんな種類の肉でも、ゆっくり中まで火が通るオーブンなら、必ずびっくりするほどおいしく調理できます。

　オーブンの加熱法は、庫内の温められた空気と、熱くなった壁面からの輻射熱の両方を利用して食材を加熱するというものです。
　低温で長時間ゆっくり加熱するという特性があるため、肉に急激に熱が加えられることがなく、ジューシーな仕上がりになります。この本でご紹介するロースト調理の温度は約120℃ですが、この温度を長時間保つにはオーブンが最適です。
　ただ、オーブンは「空気」だけで加熱しているわけではありません。120℃の庫内にちょっと手を入れてもやけどをすることはありませんが、庫内の壁面や天板は非常に熱くなっています。ここから

発する輻射熱を考慮に入れないと、いくらオーブンでも肉の表面が焦げて、中が生っぽいという失敗も起こります。

　特に、庫内が狭いオーブンでは素材と側面の距離が近いため、100〜120℃という低温でも、壁面からの輻射熱で内部に火が通る前に素材の表面が固くなったりパサついたりするリスクがあります。

　これを避けるには、肉をオーブンに入れる際、火が入りやすい部分を壁面からなるべく離す、肉に脂身を巻く、肉の表面にオイルを浸したペーパーなどを巻く、天板に直接当たる部分にペーパーを重ねて熱を避ける、アルミホイルで表面を覆う——などの工夫が必要になってきます。

　こうした工夫は、それぞれの料理の作り方の中で説明しています。

　また、庫内の環境を安定させることもとても重要です。そのために、調理前に20〜30分くらいはしっかり予熱しておきましょう。

　こうしたことをしっかり理解していれば、鶏の丸焼き、かたまり肉のローストポーク、ひき肉を使ったミートローフ、これらをすべて同時につくってしまうことも可能です。

　前述した通り、肉料理には「ローストの法則」があります。この法則はすべての肉に共通ですから、羊の肉だろうが、ローストビーフだろうが、まったく同じ調理法でいっしょにつくれます。つけ合わせの野菜や果物、盛りつけ方だけ変えれば、いくつものお料理が一気に完成するのです。肉料理の法則と重なりますが、基本の法則は以下の通りです。

【ローストの三大法則】

1　味つけの法則　基本の味つけは塩だけ。分量は肉の重さの0.8％
2　焼き方の法則　120℃に予熱したオーブンで肉の重さが焼く前の93％になるまで焼く
3　焼き色の法則　最後に焼き色をつける

　この3つさえ知っていれば、まず失敗はありません。もちろん、塩以外に好みでこしょうやハーブを加えたり、仕上げにソースをかけたりすればまったく違う料理になりますが、肉をオーブンで焼く場合の基本はこれだけです。
「焼き色」は、料理によっては必要ない場合もありますが、ローストポークやローストビーフはフライパンでしっかり最後に焼き色をつけてください。

　そして、ローストの調理温度は120℃をおすすめします。
「そんなに低くて中までちゃんと火が通るの？」と思うかもしれませんが、この温度で焼くと肉は急激に縮んだりしないので、持っている水分（肉汁）がしっかり細胞内にとどまり、ジューシーかつやわらかく仕上がります。
　もちろん、160℃や200℃でも焼けないことはありません。たしかに温度が高いほうが短時間で焼けますが、大きな肉を焼く場合は特に、高温で焼くと周囲が焦げやすくなるのはもちろん、急激に温度が上がることで肉が縮み、そのために水分を失ってしまいます。

01 | ロースト

　高温で焼いて中まで火が通った段階で重さをはかると、肉は焼く前とくらべてかなり軽くなっています。軽くなった分、水分が失われたということです。

　ひとつだけ気をつけていただきたいのが、ご自宅のオーブンの「性質」です。最近のオーブンレンジはこまかく温度設定ができますが、「120℃」に合わせて予熱をしても、実際には110℃程度にしかなっていない場合もあり、逆にもっと高くなっていることもあります。ぜひ、「オーブンメーター（オーブン用の温度計）」を用意してください（1000円前後で手に入ります）。

　また、頻繁に開け閉めしたり、一度に大量の肉を入れると庫内の温度が大きく下がり、上がるまでに時間がかかるもの。肉といっしょに温度計も入れて、温度をチェックしましょう。

　温度が下がったら、10℃ほど設定温度を上げます。上がりすぎた場合も同様に調整をしましょう。まずは120℃でしっかり予熱して、39ページの表の時間を目安に焼き、とり出して重さをはかってください。93％まで減っていない場合は、時間を5分単位で延長します。

　400gの肉をひとつ焼く場合も、3つ同時に焼く場合も、基本的に焼き時間は同じ。ですが、肉の分量が多いと入れたときに庫内温度が下がりやすくなるため、少し調理時間が長くなることもあります。またオーブンによっては、庫内の場所によって温度に多少ムラがある場合もあります。また、上下段を同時に使う場合も、上段のほうが温度が高くなる傾向があるので注意が必要です。

パーティや記念日にぜひつくりたい迫力の一品
ローストチキン

01
ロースト

- 120℃でゆっくりじっくり気長に加熱
- 焼き色はフライパンで最後にしっかりつける

材料（4〜6人分）

若鶏	1羽（1.2kg程度のもの）
塩	オーブンから鶏を出したときの重量の0.8%
タイム	5枝
にんにく	2片
こしょう	お好みで

[つけ合わせ]

セルバチコまたはクレソン ……… 4株分

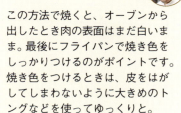

comment

この方法で焼くと、オーブンから出したとき肉の表面はまだ白いまま。最後にフライパンで焼き色をしっかりつけるのがポイントです。焼き色をつけるときは、皮をはがしてしまわないように大きめのトングなどを使ってゆっくりと。

作り方

01 鶏の重量をはかり、その93%が何gかを計算しておく。

02 鶏の胸肉のところを、3重にしたペーパーにサラダオイル（分量外）を十分含ませたものでしっかり覆う。

03 鶏の内部に、横半割りにしたにんにくとタイムを入れる。

04 29ページを参考に鶏をヒモでしばる。

05 オーブンを120℃で予熱する。庫内は140℃を超えないようにすること！

06 オイルを含ませたペーパーで覆った鶏（32ページ参照）を、天板に横倒しにした状態でオーブンに入れる。

07 30分たったら反対側に倒してさらに30分加熱。

08 1時間を目安にとり出し、重量をはかる。そのときにオイルペーパーをとり除く。03で入れたにんにくとタイムをとり出す。
※鶏の重さが92〜93%に到達していたらそのままオーブンからとり出す。まだ93%になっていないときは胸側を上にしてオーブンに再度入れ、5分単位でとり出して計量する。

09 重量の0.8％の塩を用意し、その半分を肉の表面にまんべんなくふる。

10 フライパンにサラダオイル（分量外）をひき、強火でフライパンを熱する。右側面、左側面、胸の上部左側、胸の上部右側、胸の前面にそれぞれ40秒〜1分ずつ焼き色をつけていく。

11 切り分けてお皿に盛りつけ、切り口に残りの塩、好みでこしょうをふる。

焼き上がってオーブンから取り出した状態。まだ焼き色はほとんどついていない。

column

鶏の下処理、しばり方

[下処理]
頭、首、内臓をとり除いたものを使う。首の骨がついている場合は根元部分に包丁を当て、首のほうを左右に動かすようにして切る。

01 手羽と手羽先を落とす（落としたほうが肉にムラなく火が入るため）。関節の部分に包丁を当てると簡単に切れる。

02 首のほうから手を入れて指で探りながらV字形の骨を見つけ、指で周囲の肉をしごくようにしてとり出す（わからなければ省いてもいい）。

03 お尻のほうから内部をよく見て、白い固まった脂、オレンジ色や黒っぽい内臓が残っていたらとり除く。背骨の両わきのくぼみにある腎臓も指でとり出す（これもわからなければ省いてよい）。内部はペーパーでよくふいておく。

[しばり方]
約1kgの鶏なら2m弱のヒモ（両手を広げた程度の長さ）を用意する。

01 首のまわりの皮は引っ張って、穴をふさぐように背中側にぴったり折っておく。

02 ヒモの中心を背中側に折った皮の上に通し、さらに左右の腕をたたんで体にくっつけるようにかける。

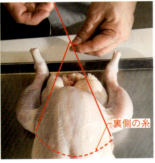

裏側の糸

03 はずれないように注意しながらももと胸の間にヒモを通して、手前に強めに引き、一度むすぶ。

胸側

04 ギュッとヒモを引き締めて、胸の皮をピンと張る。

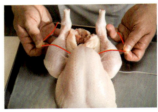

05 残っているヒモの両はしを左右に引き、スネにかけながら―

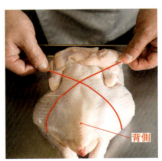

背側

06 鶏を裏返す（背中が上）。ヒモを背中でクロスさせてから、02でたたんだ腕にもう一度ヒモをかける。

07 そのまま、再び鶏を裏返して胸側を上にする。

08 もう一度、ももと胸の間にヒモを通して手前に引く。

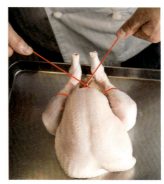

09 ヒモを強く引いてしっかりしばる。

10 09までで焼いてもかまわないが、足首をクロスさせてもう一度しばってもよい。

オイルペーパーでの覆い方

01 破れにくいキッチンペーパーを2、3重にして、サラダオイルをたっぷり注ぐ。

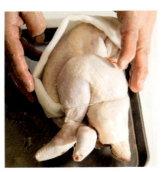

02 ももの間から胸、頭と通って背側と、たたんだペーパーを当てる（オーブン側面からの輻射熱をやわらげるため）。

03 横倒しにしてオーブンに入れる。（この写真はミートローフ、ローストポークを同時に作る場合の並べ方）

comment

しばり方はいろいろあります。写真では手羽をはずして焼いていますが、どうしても写真の説明通りにできなければ、つけたままでも大丈夫です。その場合、「両手（手羽）を後ろ側」「両足（もも部分）はお腹側」だけは守り、タコ糸などでなんとかしばってしまいます。皮はなるべくピンと張るように。YouTubeにも私が丸鶏をしばっている動画をアップしているので、参考にしてみてください。
【水島弘史の調理・料理研究所】
鶏のしばり方の解説
https://www.youtube.com/watch?v=LRAzMASXOI8

[つけ合わせ]
ドフィノワ（じゃがいものグラタン）

材料（4〜6人分）

じゃがいも ……………………… 中2個	塩B ……………………………… 1.4g
塩A ………… 皮をむいた重量の0.8%	ナツメグ ……………………… 1/2cc分
こしょうA …………………… お好みで	こしょうB … ペッパーミル4回転分
全卵 ………………………… 1/2個（30g）	にんにくのすりおろし
牛乳 ……………………………… 100g	…………………………… 小1/2かけ分
生クリーム ………………………… 50g	無塩バター …………………… 型にぬる分

作り方

01 卵をよくとき生クリーム、牛乳を加えてよくまぜる。粗めのザルでこしてから塩B、こしょうB、ナツメグを加えてさらによくまぜる。

02 じゃがいもの皮をむき、2mmくらいの厚さにスライス。

03 じゃがいもに塩Aとこしょう Aをして手でよくあえ、にんにくのすりおろしを加える。

04 型の内側にバターをぬり、01と03を合わせてから入れる。

05 150〜160℃に余熱したオーブンに型を入れ50〜60分焼く。

06 串がスッと刺さればOK。表面に焼き色がついていない場合は、オーブンの上段に入れて再度焼くか、オーブントースターなどで焼き色がつくまで加熱。焼き上がったら鶏の周囲に盛りつける。

基本はハンバーグと同じ。パウンドケーキ型で華やかに!
ミートローフ

02
ロースト

- ひき肉は手でこねず、すりこぎなどで上から突くようにして結着させる
- 卵は熱湯から6分だけゆでる。これで焼き上がっても黄身がとろーり

材料 ※パウンドケーキ型（20cm長）1台分

- 合いびき肉 …… 300g
- 塩A …… 2.4g（肉の重量の0.8％）
- 砂糖 …… 0.6g（肉の重量の0.2％）
- こしょう …… お好みで
- ナツメグ …… 2cc
- たまねぎ …… 60g
- 生パン粉 …… 40g
- 牛乳 …… 30cc
- 日本酒 …… 10g
- 卵A …… 30g
- 塩B（いためたたまねぎ＋生パン粉＋牛乳＋日本酒＋卵の重量の0.8％）
- 卵B …… 中5個
- にんじん …… 50g
- いんげん …… 50g
- ローリエの葉 …… 1枚

[つけ合わせ]
- ター菜（搨菜）
- ミニトマト

comment

野菜類を細長いスティック状に切り、卵といっしょに肉にうめて焼く方法もありますが、角切りにした野菜をあらかじめひき肉にまぜて焼いたほうが具材が均等に入ります。また、スティック状にすると隙間に肉ダネが入りにくくなり、切るときに崩れやすくなるという理由もあります。

作り方

01 野菜を切っておく（たまねぎは粗いみじん切り、にんじんは7mmの角切り、いんげんはヘタをとって1cmの小口切り）。

02 みじん切りのたまねぎを鍋に入れ、サラダオイル（分量外・15g）をからめて3〜5分いためて冷ます。

03 生パン粉を牛乳と合わせる。

04 ボウルに02、03と酒、卵Aを合わせてまぜ、全重量の0.8％の塩Bをふっておく。

05 別のボウルに肉を入れて分量の塩Aを加え、すりこぎ棒で粘りが出てくるまで押さえつけるようにまぜて結着のための粘りを出す（手でこねて熱を加えないこと）。

06 粘りが出たら砂糖、こしょう、ナツメグパウダーと04を加えて手でごく軽く練り、まとめる。

07 湯を沸騰させたらにんじんを入れ、その2分後にいんげんを加えて1分半～2分ゆでたら水にさらして粗熱をとる。冷めたら重量の0.8％の塩（分量外・0.8g）をしてまぜておく。

08 沸騰させた湯に卵Bを入れて6分ゆでたら、水にさらして冷まし、殻をむく。

具材をヘラなどで均等に混ぜあわせる

09 肉に、にんじん、いんげんをまぜ、半量をアルミホイルをしいた型に入れる。

10 型にゆで卵を並べて入れ、上からひき肉で覆う。ローリエの葉をのせ、アルミホイルをきっちりとかぶせる。

11 110℃～120℃に予熱したオーブンに入れ50分加熱する（オーブンの庫内が狭い場合は70℃の湯を天板に張り、湯せんにしてオーブンに入れる）。

12 とり出したら切り分ける。すぐに食べない場合は切り分けずに冷ます。

13 ター菜とミニトマトとともに、切り分けたミートローフを盛る。

ゆで卵の上下を少しカットすると、きれいに並べられる

MEMO
ゆで卵は必ず熱湯から6分。ゆで上がったらすぐ水にとって皮をむいてください。この状態からオーブンで焼けば、焼き上がっても「固ゆで」にならず、ちょうどいいとろとろ感が中心に残ります。

すみまで肉だねを詰めたら、左右に開けてあるアルミホイルで覆う

肉といえばコレ！
オーブンを使えば自宅でレストラン並の焼き上がり

厚切り牛ヒレステーキ
（ミディアムレア）

03
ロースト

- 低温のオーブンでゆっくり火を通す
- 最後は強火のフライパンで一気に！

材料

〈ステーキ〉

牛ヒレ肉
　………… 200〜250g前後（1人分）
塩 … 重量の0.8%（200gなら1.6g）
こしょう ……………………… お好みで
サラダオイル ………………… 大さじ1

〈赤ワインソース〉（2人分）

赤ワイン ……………………………… 50g
はちみつ ……………………………… 80g
無塩バター …………………………… 10g

塩 ……………………………………… 0.8g
こしょう
　……………… ペッパーミル5回転分程度
ローズマリーの葉 …………………… 5枚

comment

ソース、つけ合わせは肉を焼く前に準備だけして、肉を焼いている間につくるといいでしょう。もちろん先につくってしまっておいても大丈夫です。

作り方

ソースをつくる

01 鍋に赤ワインとはちみつ、塩を入れて中火で煮詰める。

02 とろみがついたらバターで乳化させ、最後にこしょうとローズマリーの葉を加える。

ステーキを焼く（ミディアムレア）

01 焼く前に肉の重さをはかり、93%の重さを計算しておく。

02 肉の表面全体に薄くサラダオイルをぬる。

03 バットの上に網をおき、肉が直接天板に触れないように網の上に肉をのせたら120℃に予熱したオーブンに入れる。

120℃※のオーブンで焼く場合の重さと時間の目安
（※庫内温度）

肉の重量	調理時間
200g	20分焼いて裏返す。さらに15分
400g	30分焼いて裏返す。さらに25分
600g	40分焼いて裏返す。さらに35分
1000g	60分焼いて裏返す。さらに55分

04 約10分後、肉全体が灰色っぽく変色してきたら肉を裏返して、さらに5分焼く。重量が93%になっていたらとり出す。

05 直火にフライパンをかけ強火で熱々に熱する。

06 肉に分量の2/3の塩をふり、盛りつけたとき上になる面から30〜40秒焼く。面を替えて焼き色をつける。

07 焼き色がついたらとり出し、こしょうをして再度網にのせ、上からボウルなどをかぶせて、必ず5分ほど休ませて肉汁を落ちつかせる。

08 肉を2等分(または3等分)にして、切り口に残しておいた塩をふり、好みでこしょうをふる。

09 つけ合わせとともに盛りつけてソースをかけ、ローズマリーをそえる。

オーブンから取り出した直後の状態

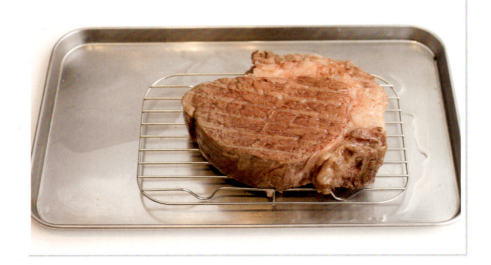

［つけ合わせ１］
ゴボウのキャラメリゼ

材料（1人分）

ゴボウ ……………………………… 50g	砂糖 ……………………………………… 2g
サラダオイル ………………… 小さじ２	こしょう ………… ペッパーミル４回転
塩 …………………………………… 0.4g	

作り方

01 ゴボウは長さ７〜８cmに切り、約２mmの厚さで縦にスライスする。

02 スライスしたゴボウをフライパンに入れ、サラダオイルをからめて弱い中火でいためる。

03 しんなりしてきたら、塩と砂糖を加えて少し火を強めて色づくまでいためて（キャラメリゼ）、最後にこしょうをふればできあがり。

［つけ合わせ２］
にんじんのグラッセ

材料（1人分）

にんじん ………………………… 60g	砂糖 ……………………… 3g（塩の５倍）
塩 …… 0.6g（にんじんの重量の１％）	無塩バター ……………………………… 10g

作り方

01 にんじんは２、３mmの幅で輪切りかイチョウ切りにする。

02 鍋に湯を沸騰させ、にんじんにスッと串が通るまでゆでる。

03 ゆで上がったにんじんに塩、砂糖、無塩バターをからめる。

焼きたてはもちろん、冷めてからもおいしい!
ローストポーク

ロースト

- 赤身の肉はバットなどを使って天板に直接触れないようにする
- 焼き上がりの肉はホイルに包んで少し休ませること

材料（8〜14人分）

豚肩ロース	800g
塩	6g
粗びきこしょう	お好みで

comment

脂身は熱のまわりが遅いので、天板に直においても焼いても大丈夫。脂身がバリアになって、熱が急激に肉に伝わらないようブロックしてくれます。赤身が多い肉の場合は、天板に直接肉が触れないよう、脚つきのバットなどを使って熱のまわりをおだやかにします。

作り方

01 豚肉の重量を正確にはかり、93％の重さを計算しておく。

02 バットに足つきの網をおいて肉をのせ、肉の表面にはサラダオイル（分量外）をぬる。脂身のある肉は天板に直接のせてもいい。脂身は下にしておくこと。

03 120℃に予熱したオーブンに入れる。

04 25分たったら裏返して、さらに20分焼く。

05 肉の重量をはかり、93％前後であればとり出す。93％になっていない場合、"5分焼いたらはかる"を繰り返す。

06 肉の表面に半量の塩をふり、強火で熱したフライパンに入れ周辺に焼き色をつける。

07 肉をとり出しホイルで包む。5分休ませて肉汁を落ちつかせる。

08 肉を切り分け、切り口に残りの塩と好みで粗びきこしょうをふる。

MEMO

肉は野菜よりもやわらかい素材です。切り分けるときは、なでるようにそっと、包丁やナイフの刃を何度も往復させるようにして切ってください。上から押さえつけるようにしてムリに刃をゴシゴシ動かすと、肉がつぶれてくずれてしまいます。鶏の皮などを切るときも同様です。

[つけ合わせ]
ビーツとプルーンのマリネ

材料（4人分）

ビーツ	125g	砂糖	8g
水	450g	塩	1.8g
ワインビネガー	10g	種なしプルーン	8個

作り方

01 ビーツは皮をむき、1cmの角切りにする。

02 鍋にビーツ、プルーン、水、ワインビネガー、砂糖、塩を入れて中火にかける。煮立ってきたら弱火にし、落としぶたをして30〜40分煮る（ビーツに串が通るくらいやわらかくなればOK）。

03 煮汁がひたひたより少なくなるまで煮詰め、そのまま冷ます。

02
ソテー
Sauté

フライパンを"弱火"で使いこなせば失敗知らず!

まず「冷たいフライパン」「弱火」をおぼえてください

　ソテーとは、フライパンやホットプレートなど、鉄板に直接食材をのせて下から火を当て加熱していく調理法です。家庭のフライパンで肉をソテーする場合のポイントは2つだけ。

【ソテーの2大原則】
1　冷たいフライパンに肉を入れる
2　火加減は弱火〜弱い中火のみを使う

　家庭用のガスコンロは業務用のものより「五徳」が低いため、火とフライパンの距離が非常に近くなります。つまり、あっという間にフライパンの底が熱くなり、それがすぐ肉に伝わってしまうのです。フライパンで肉を焼く場合に最も多い失敗は、「外はこんがり、中が生焼け」と「外は焦げすぎ、中はパサパサ」ですが、どちらも火が強すぎることが原因です。
　肉は急激に熱を加えるとすぐ縮みはじめ、それにともなって内部に保持している水分が外に押し出されてしまいます。それが肉が固くなる、パサパサになる最大の原因です。冷たい状態からごくゆっくり加熱していけば肉はほとんど縮むことはありませんし、水分の流れ出る量も最小限に抑えられます。その結果、ジューシーでやわ

02 | ソテー

らかい仕上がりになるわけです。

　これはひき肉でも同じこと。ハンバーグの場合、「周囲を焼き固めて肉汁をとじ込める」という表現がよく使われますが、最初から弱い火力でゆっくりじっくり火を通していけば、フタをして蒸し焼きにして火を通す、などという作業はまったく不要です。
　そのためには、タネのつくり方に注意する必要があります。まず肉を手でこねすぎないこと。手の熱が肉に伝わると脂がとけ出しベタベタしてきますが、必要なのは粘りではなく肉同士が結着すること。塩を加えて木べらやすりこぎ棒などを使って突くようにしてまぜれば、肉はしっかり結着していきます。
　きちんと結着していないまま焼こうとすると、扱いにくく割れやすくなるため、それこそ最初にフライパンで周囲を焼き固めないとバラバラになってしまう、という事態が起きます。しっかり結着したタネをじっくり弱火で焼けば、ひき肉が水分やうまみをしっかり保持したままジューシーに焼き上がります。
　肉の厚みによってソテー時間は変わりますが、どんな場合でも「弱火〜弱い中火」で失敗なくつくれます。

おなじみの家庭料理が見違える味に!
チキンソテー

- 冷たいフライパンから弱めの中火でゆっくり焼く
- 火が弱すぎると皮目がパリッと仕上がらない

05
ソテー

材料（2人分）

鶏もも肉 …………………… 100g×2枚	こしょう ….. ペッパーミル4回転程度
塩 ………………………………………… 1.6g	

作り方

01 鶏肉の両面に塩をする。

02 冷たいフライパンにサラダオイル大さじ1（分量外）をひき、皮目を下にしてのせる。

03 弱い中火にかけ、油がパチパチはねはじめたら弱火に落とす。最初のうちに出てくる脂はペーパーでふきとる。あまりにも火が弱すぎると、いつになってもパリッとした焦げ目がつかないので注意。火力は最大でも弱めの中火まで。

04 肉の厚みの7割まで焼けたら裏返す。まだ皮目に香ばしい焼き色がついていなければ、加熱時間を延ばす。

05 裏返してから2分ほど焼いて、好みでこしょうをしたら完成。

［つけ合わせ］きのこのフリカッセ

材料（2人分）

マッシュルーム …………………… 40g	こしょう …………… ペッパーミル4回転程度
まいたけ …………………………… 40g	パセリのみじん切り …………… 5g
しいたけ …………………………… 40g	オリーブオイル ………………… 15g
塩 …………………………………… 0.8g	

作り方

01 マッシュルーム、まいたけ、しいたけは食べやすい大きさに切る。

02 フライパンにきのこ類を入れてオリーブオイルをかけ、からめたら弱火にかける。

03 ときどきまぜながら7、8分いためる。

04 仕上げに塩、こしょう、パセリのみじん切りを加えてまぜ、5分ほど置いてなじませる。

05 軽く温めてから盛りつける。

大定番なのに失敗も多い料理を確実においしく仕上げるコツ
ハンバーグ

ソテー

- 手でこねると肉の脂がとけてしまうのでなるべく素手でさわらない
- 「切ると肉汁があふれるハンバーグ」は目指しません

材料（2人分）

牛豚合いびき肉	240g
たまねぎ	80g
パン粉	10g
溶き卵	20g
牛乳	20g
塩A	肉の重量の0.8%
塩B	肉以外の具材の重量の0.8%
ナツメグ	0.5g
こしょう	ペッパーミル4回転程度

〈バルサミコのソース〉

バルサミコ	40g
塩	0.2g
生クリーム	20g

作り方

〈ハンバーグ〉

01 ひき肉に重量の0.8%の塩Aをふり、すりこぎ棒や木べらなどで肉同士が結着しはじめるまでよくまぜる。手でこねて肉に熱を加えないこと（第1段階の結着）。

02 たまねぎのみじん切りを弱火で5分程度いため、冷ましておく。

03 冷ましたたまねぎにパン粉、卵、牛乳を合わせ、全重量の0.8%の塩Bを加える。

04 01と03をボウルに入れ、ナツメグとこしょうをしてまぜる。最初はゴムべらや木べらでまぜ、最後に手でひとまとまりになる程度まで軽くまぜる（第2段階の結着）。ここでまぜすぎると生地がだれ、水分が分離して失敗する。

05 1人分の大きさにまとめる（空気を抜く作業は不要）。

06 冷たいフライパンにサラダオイル（分量外）をひき、ハンバーグをのせて弱火で加熱する。

07 最初の数分で出てくる脂、水分はペーパーでふきとる。

08 厚みの半分まで焼けたら、裏返して反対側も焼く。

09 表面が丘のように丸くふくらみ、中の肉汁が表面ににじんできたら完成。

〈バルサミコのソース〉

01 バルサミコを小鍋に入れて中火にかける。

02 鍋を傾けながら加熱してソースの表面が泡立つ状態を保ちつつ、1/3～1/5くらいの量になるまで焦がさないように煮詰める。焦げそうになったら、鍋を火からはずしてよくまぜ、少し温度が下がったら再び火にかける。

03 とろみがつき、火からはずしてもフツフツと5秒くらい煮立つ状態になったら火を止め、塩と生クリームを加えてまぜれば完成。

バルサミコとはちみつで「いつもと違う!」と言わせる味に
豚肉のしょうが焼き

07
ソテー

- 合わせダレは先につくっておく
- 豚肉はあらかじめ軽く下焼きしておき、あとからたまねぎと合体

材料（2人分）

豚肩ローススライス（しょうが焼き用） ……… 200g	バルサミコ ……………………………… 4g
たまねぎ ……………………… 140g	しょうがのすりおろし ………… 8g
	ごま油 …………………………………… 6g

〈合わせダレ〉

しょうゆ ………………………………… 15g
はちみつ ………………………………… 6g

〈つけ合わせ〉

サラダ菜 ……………………………… 2、3枚
ブロッコリースプラウト ………… 10g

作り方

01 たまねぎは1cm幅、豚肉は食べやすい大きさに切る。

02 ボウルにしょうゆ、はちみつ、バルサミコ、しょうがのすりおろしを合わせ、タレをつくっておく。

03 冷たいフライパンにサラダオイル（分量外）を多めにひき、豚肉を並べて入れる。

04 弱火にかけ、白っぽくなったら裏返す。両面とも白っぽくなったらペーパーに上げて油を切る。

05 焼き油を捨て、フライパンの油をふきとる。

06 フライパンにたまねぎを入れ、サラダオイル（分量外）をからめて弱火にかける。余分な油はペーパーでふきとり、軽くしんなりするまで5分ほどいためる。

07 06のフライパンにごま油を入れてから肉を加えて合わせ、そこに02のタレをからめる。

08 弱めの中火で1分〜1分半加熱して完成。

09 皿にサラダ菜をしき、しょうが焼きをのせてスプラウトをあしらう。

独特の香りを生かしてレストラン級の仕上がりに
ラムチョップのソテー

08
ソテー

- 肉をあらかじめしっかりたたいておく
 （脂身があるときは特によくたたくか、切り込みを入れておく）
- 羊肉はレアよりミディアムの仕上がりを目指す

comment

最近手に入りやすくなってきた羊肉。ジンギスカンばかりでなく、ぜひソテーで食べてみてください。初めて使うなら食べやすくカットされた骨つきのものがおすすめ。ブロックのままのラムなら、どんな部位でもオーブンでの調理がベストです。その場合は、24ページの「ローストの法則」で失敗なくつくれます。

材料（2〜3人分）

ラムチョップ（骨つき羊肉）	6本
塩	肉の重量の0.8%
こしょう	ペッパーミル5回転程度
にんにく	1/2かけ（15gくらい）
オリーブオイル	15g
タイム	1、2枝

作り方

01 ラムチョップは肉たたきや空きビンなどでしっかり、まんべんなくたたく。

02 両面に塩をふる。

03 冷たいフライパンににんにくとオリーブオイルを入れ、弱めの中火に。100℃ぐらいになってからラムチョップを入れる。

04 最初の数分で出てくる脂はふきとり、しっかり焼き色がついたら肉を裏返して2分ほど焼く。

05	フライパンからとり出したら、盛りつけたとき上になる側にこしょうをふり、ホイルで包んで7、8分休ませる。	**06**	つけ合わせの野菜のオーブン焼きとともに盛りつけ、タイムをあしらい、好みで野菜にもこしょうをふる。

裏返してからも、最初のうちに出てくる水分と脂はペーパーでしっかりふき取る

［つけ合わせ］
野菜のオーブン焼き（バイエルディ）

材料（2〜3人分）

- ナス ……………………… 70g
- ズッキーニ ……………… 80g
- トマト …………………… 80g
- 塩 ………………………… 1.6g
- オリーブオイル ………… 10g
- こしょう‥ペッパーミル6回転程度

作り方

01 ナス、ズッキーニ、トマトを2、3mmの輪切りにする。

02 少しずつ重なるように、バットにそれぞれを順番に並べる。

03 野菜の表面に塩、こしょう、オリーブオイルをかけ、170℃のオーブンで10〜15分焼く。

03 グリル
Grill

実は魚だけじゃない！肉でも活用できる魚焼きグリル

実はすごく使える「魚焼きグリル」

　グリル料理とは、熱源から出る輻射熱を食材に当てて焼き上げる調理法です。たとえば焼き鳥の炭火焼き、屋外などでするバーベキュー、グルグルまわしながら周囲から熱を当てて焼き上げるケバブ、魚に串を打って炭火で焼き上げる炉端焼き、網焼きの焼き肉——。こうしたものが代表的なグリル料理です。

　家庭内でおなじみなのは、ガスコンロに付属していることが多い魚焼きグリル。オーブントースターもグリルと考えていいでしょう。

　ちょっとわかりにくいのは、オーブンや電子レンジにもついている「グリル機能」。いずれも「グリル機能」に切り替えると、庫内にある熱源がオンになり、直接、肉の表面を加熱して焦げ目をつけてくれるというものですが、機種によって方式が違うので本書では使いません。くわしいことは製品の説明書を読んでください。

　今回はガスレンジで表面が波形をした厚手の鉄板である「グリルプレート」を使用するレシピと、魚焼きグリルを使うレシピをご紹介していきます。

　家庭用の調理器具の中で、魚焼きグリルは最も短時間で最も高温になります（数分で300〜400℃に！）。その特徴を利用すると、厚切りトーストもオーブントースターよりずっと短時間でこんがり焼くことができ、中の水分も失われません。

03 | グリル

　この調理器具の特性は肉でこそ生かされます。ただし、「弱火〜弱い中火でじっくりと!」という点は同じです。弱火であれば脂に火がついて煙がモクモク出たりすることはなく、表面が焦げすぎて中が生焼けということもありません。

　しかも、外はパリッとして中はジューシー。これはサンマを焼くときも同じです。私はグリルでサンマを焼くときは、グリルの扉を開けたまま低温で20〜30分かけてこんがり焼いています。煙はまったく出ませんし、高温にならないので受け皿に水を張ることもしません。脂が流れ出さないので、体によいとされる魚の脂、DHAやEPAもしっかりとれます。

　魚焼きグリルはぜひ弱火で活用してみてください。トーストのように表面だけを焼きたい、グラタンの仕上げに焦げ目だけつけたいという場合は強火でも問題ありませんが、本当に短時間で焦げてしまうので要注意です。

　そして、今回はサーロインステーキを焼くのにグリルプレートを使っていますが、必ず15〜20分中火で十分に予熱します。

　波打った凸凹の凸の部分で香ばしい焼き色をつけ、直接食材に触れない凹部分から発する輻射熱でじっくり肉を加熱するというわけです。グリルプレートを弱火で使うと肉がくっついてしまい、焼き色もきれいにつきません。

魚焼きグリルでフライパン以上においしくできる！
骨つき鶏もも肉のグリル焼き

グリル

- 骨つきもも肉は魚焼きグリルでパリッと焼き上げる
- つけ合わせもグリルで簡単

材料（2人分）

鶏もも肉	100g×2本
塩A	1.6g
はちみつ	5g
こしょう	ペッパーミル5回転程度
塩B	0.6g
砂糖	塩と同量
パン粉	3g

〈つけ合わせ〉

パセリ	5g
レモン	1個

comment

「魚焼きグリル」は短時間で高温になる調理器具ですが、魚も肉も"弱火でじっくり焼き"が基本。鶏もも肉は厚みがあるので時間はかかりますが、こんがりした焦げ目とジューシーな仕上がりはグリルならではです。

作り方

01 鶏肉は表面全体に塩Aをふり、皮目を上にして網にのせて魚焼きグリルに入れたら、弱火〜弱めの中火に。オーブンメーターで140〜150℃の間を保つように火加減を調整する（扉を開けたままにしてもいい）。

02 約25分焼いて皮目が香ばしくパリッとしたら裏返し、さらに5〜7分ほど焼いて中まで火を通す。

03 再度裏返し、皮目に薄くはちみつをぬってこしょうをふる。

04 グリルの火を少し強くして1分ほど焼く。

05 切り口に塩Bと砂糖をふり、パン粉とパセリのみじん切りを合わせたものをのせて、弱火〜弱めの中火のグリルで20分ほど焼く。

06 鶏を皿に盛り、カットレモンとパセリをそえる。

霜降りサーロインが手に入ったらこの焼き方で堪能しよう！
サーロインステーキ

10
グリル

- グリルプレートは中火で20分、しっかり熱しておく
- サーロインはグリルプレートで思い切った強火が最適

材料（2人分）

サーロインステーキ用牛肉 ……………………… 200g×2枚	〈つけ合わせ〉 ホワイトアスパラ ……………… 4本 グリーンアスパラ ……………… 4本
塩 ………… 4g（肉の重量の1％） こしょう‥ペッパーミル6回転程度	〈ソース〉 メープルシロップ ……………… 10g レモン汁 ……………………………… 3g

comment

「弱火」をおすすめすることが多い私ですが、グリルは強火で使うのが基本。脂身の多いサーロインステーキは、グリルの特徴を生かして短時間で香ばしく焼き上げるのがおすすめです。厚手で表面が波形のグリルプレートを使うと、脂も落ちるうえにきれいな格子状の焼き目をつけることができます。

作り方

01 グリルプレートは肉を焼く20分前から中火で十分に熱しておく。

02 肉の表面を包丁の背でたたく（両面）。

03 両面に塩をふり、肉全体にサラダオイル（分量外）を薄くぬる。

04 グリルプレートに肉をのせたら強火にして、ときどき焼き色を見ながら焼く。

05 焼き色がついたら、焼き目が格子状になるよう肉を90度ほど回転させておき直す。

08 アスパラは皮をむく。塩分濃度1.5%の熱湯で白は5分、グリーンは2分ゆでてから半分に切る。

06 格子状の焼き目がついたら裏返して1分ほど焼く。

09 皿にアスパラと肉を盛り、メープルシロップとレモン汁を合わせたソースをかける。

07 バットにとり出し、表面にこしょうをしてホイルで包み5分休ませる。

グリルプレートはあらかじめ中火で20分以上熱しておく。

04
ボイル
Boil

この"ひと手間"で
長時間煮込んでも
肉がパサつかなくなる

「"ゆっくり加熱"で火を通してから、"じっくり煮込み"」が大原則

　シチュー、ポトフや煮込み料理などは水の中で肉を加熱調理する方法です。たくさんの水が肉の周囲にあるということは、肉が持っている水分となじみやすい状態にあるわけですが、熱がとても伝わりやすい状態でもあります。

　熱湯に鶏のささみを入れると、あっという間に周囲は白くささくれたように固くなるのを見てもわかるでしょう。ささみなどをゆでる場合は、まず熱湯に入れて周囲が白くなったら火を消し、そのまま余熱で火を通すくらいでいいのです。外は少しパサつきますが、内部はレアな感じに仕上がります。

　外側のパサつきがイヤだったら、水の状態でささみを入れ、ゆっくり温度を上げて65〜70℃で火を止めれば、それだけで内部にも火が入って全体がしっとり仕上がります。

　豚ヒレ肉なども同じ方法でゆでて、余熱時間を長くすればしっとりした仕上がりになります。ただ、「ゆでれば脂が落ちてヘルシー」というのはほとんど誤解です。もともと、脂というのは赤身より火が通りにくいもので、かなり高温にならないととけて流れ出したりはしません。

　「しゃぶしゃぶ」はヘルシーな肉料理の代名詞のように言われることがありますが、しゃぶしゃぶの湯温は70℃前後。そこで豚ばら肉

04 | ボイル

をちょっと「しゃぶしゃぶ」したところで、油はほとんど落ちていません（もちろん、たくさん野菜がとれるという点ではヘルシーですが）。

　すじなどの固い肉をやわらかくなるまで煮込みたいような場合は、別の考え方をしてください。牛すね肉のビーフシチュー、すじ煮込みなどの場合も同じです。たしかに、「とにかく煮続ける」ことで肉はやわらかくなります。しかし、やっとやわらかくなったころには肉の味がすっかり抜けて、「だしガラ」のパサパサ状態になっていることもしばしばです。

　それを防ぐには、煮込む前にしっかり低温・低速で肉の中心部まで火を通しておくことが大切です。何度もご紹介している通り、肉は常温（生きているときの体温）から60℃〜70℃と温度が上がっていくまでの間に、細胞が壊れて水分が失われ、縮みます。

　この温度帯をできるだけゆっくり通過させていけば、その後長時間、熱湯の中で煮込んでも固くなりません。赤身部分はそのまま水分を保ち、コラーゲン部分がやわらかくなります。

　長時間の煮込みが必要なものは最初にゆっくり加熱して火を通し、その後じっくり煮込むという鉄則をぜひおぼえておいてください。脂分が非常に多いすじ肉や豚ばら肉のかたまりなどは、「油で脂を落とす」という法則にのっとって、「多めの油の中で加熱してから煮込む」というひと手間を加えると、とてもヘルシーなお料理になります。

肉もスープもおいしい！ 手軽で豪華なごちそう
スペアリブのポトフ

11
ボイル

- 骨と肉が離れやすくなるよう、あらかじめ十分加熱する
- 野菜は好きなものを好きなだけ！

材料（2人分）

スペアリブ	450g
にんじん	80g
たまねぎ	80g
セロリ	70g
カブ	100g
酒	100g
水	具材が十分につかる量
塩	4g
粒こしょう	10粒
ローリエ	1枚
タイム	3枝

comment

どんな野菜でもかまいませんが、肉と同じ時間煮込むと煮崩れてしまいます。食感を残すため、先にとり出したり、あとから加えたりしましょう。たまねぎ、セロリ、にんじんなどは、先に加えたほうが野菜のうまみがよく出ます。

作り方

01 スペアリブが長い場合は2、3等分に切る。

02 にんじんは皮をむいて4cmくらいの長さに切り、4〜6等分。たまねぎはくし形に4〜6等分。セロリは4cmの長さに切り2、3等分。カブは皮をむかずに4〜6等分のくし形に切る。

03 フライパンにサラダオイル（分量外）を入れ、スペアリブの骨の面を下にして弱い中火にかける。油がはねてきたら弱火に落として15〜20分焼く（骨膜がめくれ上がり骨髄が黒っぽくなるまで）。裏返してさらに5分ほど焼き、両サイドも2、3分ずつ軽く焼く。

04 鍋に肉、にんじん、たまねぎ、セロリを入れ、酒と水を塩を加えて強火にかける。沸騰してきたらアクをとり、弱火に落として粒こしょう、ローリエ、タイムを入れ、落としぶたをして煮る。

05 野菜に竹串がスッと通るくらいやわらかくなったら、野菜だけとり出しておく。

06 肉がやわらかくなるまで、水か湯を足しながらひたひたの状態を保ち、1時間半〜2時間煮込む。

07 肉がやわらかくなったらカブを入れ、さらに10〜15分煮込む（味見をして塩が強いと感じたら水を足す。味が薄かったらさらに煮詰める）。

08 05でとり出した野菜を鍋に戻して軽く温め、器に盛りつける。

牛すき焼きより気軽でボリュームたっぷりの新定番！
鶏すき煮

- あらかじめ弱火で焼いた肉を短時間煮込む
- テーブルでの仕上げは野菜を入れて5分！

12
ボイル

材料（2〜3人分）

鶏もも肉 …………………… 200g	水 …………………………… 100g
たまねぎ …………………… 50g	酒 …………………………… 100g
白ねぎ ……………………… 40g	しょうゆ …………………… 35g
白菜 ………………………… 100g	砂糖 ………………………… 21g
しいたけ …………………… 50g	ゆずの皮 ………………… 適量
セリ ………………………… 20g	七味 ……………………… 適量

作り方

01 鶏もも肉はひと口大に切る。

02 しいたけは4つ割り、白ねぎは4cm、白菜は3、4cm、セリは4cmくらいに切る。

03 フライパンにサラダオイル（分量外）をひき、鶏肉の皮目を下にして弱い中火にかける。油がはねてきたら弱火に落とし、肉の厚みの半分まで白っぽくなったら裏返す。1分ほど焼いてとり出し、余分な油と水分はペーパーでとり除く。

04 フライパンの油をふきとり、たまねぎ、白菜、しいたけ、白ねぎを入れ、水、酒、しょうゆ、砂糖を加え強火で煮立てる。

05 鶏肉を戻し入れ、落としぶたをして5分煮る。

06 セリ、ゆずの皮の千切り、七味をふって完成。

MEMO

有名店の鶏すきでも、「煮汁はおいしけど肉はイマイチ」ということがけっこうあります。急激に加熱し煮込んでしまうと、品質のいい地鶏でも固くなりすぎて味が抜けてしまいます。最初にゆっくり加熱してから煮込むこの方法を、ぜひ試してみてください。高価なブランド鶏肉でなくても十分楽しめるごちそうになります。

固い角煮はもう卒業！脂も抜けるからさらにヘルシー
豚の角煮

ボイル

- 低温のオーブン加熱でやわらかさと食感を最後までキープ
- 脂は油で落としていく

MEMO

角煮のつくり方はいろいろありますが、これは徹底的に脂を落とし、やわらかく仕上げる方法です。低温のオーブンでゆっくり加熱することで煮込んだときパサパサになることを防ぎ、油の中で加熱することでくさみや脂を落としています（下ゆででさらに脂が落ちます）。時間はかかりますが本当にやわらかく仕上がるので、お休みの日などにぜひ！

材料（2人分）

豚ばら肉（かたまり）	450g
しょうがの薄切り	2枚
長ねぎ	8cm分
鷹の爪	1本（種をとる）
酒	60g（下ゆで用）

[仕上げ用]

酒	100g
しょうゆ	25g
砂糖	20g
しょうがの薄切り	1枚
上新粉	小さじ1
白髪ねぎ	5g
ゆずの皮	5g

作り方

01 サラダオイル（分量外）を肉全体にぬり、脂身を下にしてバットにのせて110℃のオーブンで45〜60分加熱する（赤身肉の中心温度が50〜55℃になるまで）。

02 肉をとり出したら縦半割りに切る。

03 フライパンに肉がひたる程度の量のサラダオイル（分量外）を注ぎ、肉を入れて弱い中火にかける。軽くフツフツ、ポコポコしている状態を保ち、ときどき肉を裏返しながら約20分加熱する。ここでくさみと脂が抜ける。

04 肉をとり出し、湯で表面をさっと洗い流してから別の鍋に入れ、酒60g、たっぷりの水（分量外）、ねぎ、しょうがの薄切り2枚、鷹の爪を入れて強火にかける。沸騰してきたら中火に落としてフタをし、軽くポコポコしている状態で約60分下ゆでする。常に肉が水分にひたっている状態を保ち、蒸発したら水を足す。

05 肉をとり出して水気を切る。

06 仕上げ用のしょうゆ、砂糖を肉といっしょに鍋に入れる。

07 同じく仕上げ用の酒とたっぷりの水（分量外）、同量の水でといた上新粉、しょうがの薄切り1枚を加えて強火にかける。

08 沸騰してきたら弱火にして、落としぶたをして約60分煮る。やわらかくなるまではお湯を足してひたひたを保つ。

09 肉がやわらかくなったらさらに煮詰める。白髪ねぎ、ゆずの皮の千切りをのせて盛りつける。

安いすじ肉もひと手間かけるだけで気のきいた一品に！
牛すじの煮込み

14
ボイル

- 20分ゆっくり焼くことで大量の脂が抜ける
- 煮込みも2時間以上かけてゆっくりと！

材料（2〜3人分）

牛すじ	250g	砂糖	18g
大根	150g	酒	100g
こんにゃく	100g	水	400g
サラダオイル	60g	青ねぎ	20g
しょうゆ	20g	さんしょう	お好みで
赤味噌	10g		

作り方

01 フライパンに牛すじを入れて水を注ぎ、弱めの中火で50度になるまでゆっくり加熱。これでアクが抜ける。

02 大根は5〜7mmの厚さのいちょう切り、こんにゃくは1.5cmの角切りにする。

最初に水を入れてから加熱し（写真）、次に油で加熱することで脂をしっかり落とす。

03 下ゆでした牛すじは3、4cmに切り、フライパンに入れてサラダオイルを少し多め（60cc）に注ぐ。弱い中火で15〜20分かけてゆっくり焼き、余分な脂を落とす。

04 こんにゃくは沸騰した湯で3分ほど下ゆでする。

05 鍋に焼いた牛すじ、大根、こんにゃくを入れ、水、酒を入れて強火でアクをとりながら煮立てる。

06 軽く煮立った状態で落としぶたをして、牛すじがやわらかくなるまで約2時間煮る。水が半分以下になったらお湯か水を足す。

07 牛すじがやわらかくなったら砂糖、味噌、しょうゆを加えて煮汁を半分程度まで煮詰めながら味をふくめる。

08 30分ほどおいて味をなじませ、青ねぎの小口切りを散らし、好みでさんしょうをふる。七味唐辛子などでもよい。

> **MEMO**
> 豚の角煮同様、この料理のポイントはなんといっても煮る前に油で脂を落とすこと。脂もくさみも落ちるので、多少めんどうでもここは徹底的に！　あとはやわらかくなるまで煮込んで、味つけをするだけです。

05
フライ・コンフィ・ムニエル

Fry etc.

"あげ物"の概念が変わる！肉のおいしさを引き出す、油を使った調理法

低温であげてもベタッとはなりません

　フライ、コンフィ、ムニエルはいずれも油の中で肉を加熱していく調理法です。油で調理するというと、「高温の油」「カロリー高め」「油がたっぷり必要」というイメージがあるかもしれません。でも、"油を使う料理＝素材に油を染み込ませる料理"ではないのです。

　あげ物における油の役割のひとつは、肉内部への熱の入り方をコントロールすること。低温の油でじっくり加熱する方法だと、水からゆでる以上に中までゆっくり火が入り、肉は水分をほとんど失わないまましっとり仕上がり、しかも表面はパリッとします。

　日本料理の天ぷらは比較的高温の油を使いますが、具材は生でも食べられる魚介類や野菜が多く、衣によって肉に熱が急激に伝わるのを防いでいます。短時間であげることによって、高温でも素材の水分、うまみを逃がさないようにしているのです。

　肉のように中心部まで火を通す必要がある場合は、低温、低速加熱のために油を使います。それがフレンチの定番、「カモのコンフィ」や「白身魚のムニエル」など。ムニエルはバターを使いますが、こちらもバターが高温にならないよう、泡の状態を保って調理します。「バターソテー」や「バターいため」とはまったく別ものです。

　本来の意味でのムニエルは、かなり大量のバターの泡で肉をゆっくり加熱し、肉を泡の中で蒸していくのに近い調理法です。しかも、

一般的な蒸し料理より低温でゆっくり加熱することになるので、肉の水分もうまみも失われません。

　なぜムニエルで大量のバターを使うのかというと、バターは普通の油と違い水分を多く含んでいるからです。そのため急激に高温になりにくく、素材に対してゆっくり火が入ります。それで、しっとりやわらかく仕上がるのです。

　加熱中にバターから泡が出ている間は水分が残っていて、まだ高温ではないということです。泡が消えて色づいてきはじめたら、水分が少なくなってきた証拠。どんどん油の温度が上がり焦げてくるので、「追いバター」をして温度を下げてあげましょう。泡を保ったまま調理するのがコツです。

　とんかつや鶏のからあげも理屈は同じです。とにかくジューシーにやわらかく仕上げたい場合には、冷たい油からゆっくり加熱して、最終的に高温で短時間色づくまであげれば、ムニエルと同じ効果が得られます。

　油は高温になると粒子が小さくなりサラッとするため、油の切れが非常によくなります。

　それが高温で二度あげすると表面がベタつかず、カラッとする理由です。

冷たい油からゆっくり二度あげすれば失敗なし！
鶏のからあげ

15
フライ
コンフィ
ムニエル

- 冷たい油からゆっくりあげていく
- 最後だけ高温にするとカラッと香ばしくあがる

材料（2人分）

鶏もも肉	200g

〈下味用〉

溶き卵	15g
片栗粉	15g
日本酒	8g
砂糖	4g
しょうがのすりおろし	10g
こしょう	ペッパーミル5回転程度
にんにくのすりおろし	4g
しょうゆ	15g
塩	1g
片栗粉（打ち粉用）	適量

〈つけ合わせ〉

サラダ菜	2、3枚
レモン	半分

作り方

01 鶏もも肉を食べやすいひと口大に切る。

02 塩、しょうゆを肉にもみ込み、溶き卵、片栗粉、日本酒、砂糖、しょうが、こしょう、にんにくを加えてまぜ、15分おく。

03 鶏の表面に片栗粉をまぶしつける。余分な粉はきちんとはたき落とすこと。

04 冷たいフライパンの底一面にサラダオイル（分量外）をひいて肉を並べる。皮つきなら皮目を下にする。

05 肉の上から鶏肉がひたるくらいまでサラダオイル（分量外）を回しかける。

06 弱火～弱い中火で3分ほど加熱すると100℃を超える。小さく泡が出てきてから5分くらい加熱を続け、静かに菜ばしなどで肉を裏返す。

07 裏返してから3分たったら、いったん肉をバットにとり出す。

08 火を少し強くして油の温度を190～200℃まで上げる。

09 十分に温度が上がったら、とり出しておいた肉を再び油に入れる。

10 片面1、2分ずつあげ、適度な色がついたらペーパーに上げて油を切れば完成。サラダ菜の上に並べて盛り、カットしたレモンをそえる。

MEMO

からあげは好みによっていろいろなつくり方があります。衣に小麦粉や卵を使うタイプ、まったく粉をつけない素あげタイプがあり、調理法も先に下ゆでしてから最後に周囲を高温の油であげるタイプなどさまざまです。味つけも塩こしょうだけ、しょうがが強いもの、にんにくを使わないもの、きざみねぎをたくさん入れるもの、などなど——。ここで紹介するのは、比較的オーソドックスな味つけで、鶏肉の水分をできるかぎり逃がさずジューシーに仕上げる方法です。

手軽な値段の輸入肉が高級料理に大変身！
ビーフカツレツ

- 牛肉は1cm以下になるまでたたいてのばす
- 油が高温になりすぎないよう上手に調節を

16
フライ
コンフィ
ムニエル

材料（2人分）

牛肉（フィレ、ロース、ももなど）
　……………………… 120g×2枚
塩 ……………………… 重量の1％
こしょう
　………… ペッパーミル4回転程度

〈衣〉
小麦粉 ………………………… 適量
溶き卵 …………………………………
（卵1個につき小さじ1のサラダオイルをまぜる）

パン粉 ………………………… 適量
（ザルでこしてキメをこまかくする）

〈あげ油用〉
オリーブオイル（サラダオイルでも可）
　…………………………………… 適量
無塩バター …………………… 20g

〈つけ合わせ〉
ミニトマト
キャベツの千切り

作り方

01 肉たたきや空きビンなどで、肉を7mm〜1cmの厚さになるまでたたいてのばす。

02 肉に塩、こしょうをふる。

03 ハケを使って小麦粉を薄く打ち、溶き卵、パン粉をつける。

04 冷たいフライパンに肉の厚みの半分程度までオリーブオイルを注ぎ、バターを加えて弱い中火にかける。

05 バターがとけ、泡が出て音がしてきたら肉を静かに入れる。

06 泡が小さくなってきたらおたまなどで油をたっぷりすくい、少し高いところからオイルの油面に垂らして、油の温度が150℃程度以上にならないようにする（衣の上からかける必要はありません）。

07 肉の裏面がうっすら色づいたら裏返し、火を少し強めてオイルを衣の上からかけ、色づいてきたらとり出してペーパーで油を軽く切る。

08 皿に盛り、ミニトマトとキャベツの千切りをそえる。

新鮮なレバーが手に入ったらぜひ試してほしい！
レバームニエル

- ムニエルはバターの泡の中でゆっくり加熱する料理
- レバー以外にも魚などに応用することが可能

17
フライ
コンフィ
ムニエル

材料（2人分）

牛レバー	100g×2枚
塩A	2g
こしょう	ペッパーミル6回転程度
小麦粉	適量

〈あげ油用〉

無塩バター	60g（予備30g）

〈ソース〉

ミニトマト	40～50g
レモン汁	8g
ケッパー	5g
ピクルス	8g
パセリ	3g
塩B	0.4g

作り方

01 くさみが気になるときは、40℃程度の生理食塩水（0.8～0.9％）にしばらくつけ、レバー表面の半透明なすじをとり除く。

02 レバーに塩A、こしょうをして、ハケなどで小麦粉を薄くつける。

03 フライパンにバターを入れ、弱い中火にかける。

04 泡が出て音がしはじめたらレバーを入れる。

05 バターの泡がこまかくなってきたら、おたまなどですくって高いところから垂らすように油面に落とし、油の温度が上がりすぎないようにする。なるべく白いムース状の泡を維持するように。泡が消え、バターに茶色っぽい色がついてきたら予備のバターを加えて温度を下げる。

06 レバーの厚みの半分まで白っぽく色が変わってきたら裏返す。

07 さらに2分ほど加熱し、最後に少し温度を上げて軽く色づけする。

08 レバーをペーパーにとり出す。

09 残りのバターの泡が消えてきたら、4つ割りのミニトマト、レモン汁、ケッパー、ピクルスの細切り、パセリのみじん切り、塩Bを加えて20秒ほど加熱する。

10 皿に盛って**09**のバターソースをかけ、好みでこしょうをふる。

MEMO

牛レバーでも豚レバーでもかまいません。この方法でつくると、くさみもなくふっくらした仕上がりになります。ただしレバーは鮮度が命、くさみ抜きの工夫より、新鮮な素材を選んで調理してください。

オーブンを使って家庭で手軽につくれるフレンチの定番
骨つき鶏もも肉のコンフィ

18
フライ
コンフィ
ムニエル

- 低温の油でゆっくり加熱すれば驚きの味
- 鶏肉でも鴨肉でもつくり方はまったく同じ

材料（2人分）

鶏もも骨つき肉	2本
塩	肉の重量の1.3%
砂糖	肉の重量の0.5%
こしょう	ペッパーミル6回転程度
乾燥ハーブ	4cc分
（エルブドプロヴァンス、イタリアンハーブミックスなど）	
にんにく	2かけ
サラダオイル	鶏肉がつかる程度の量

〈つけ合わせ〉
じゃがいも（揚げる）
タイム

作り方

01 肉の重さをはかり、その1.3%の塩と0.5%の砂糖を全体にふり、皮の反対側にはこしょうと乾燥ミックスハーブをまぶす。

02 つぶしたにんにくと肉を密閉できるビニール袋に入れ、空気を抜く。

03 鍋に水を入れて、袋がしっかりひたる状態にして中火にかける。50℃になったら火を止めてフタをし、20分ほどおく。

04 袋をとり出し、袋ごと肉を軽くもんで、味をなじませてからそのまま3分ほどおいておく。

05 肉をとり出し、骨のない側を下にして鍋に入れ、さらににんにくを入れる。

06 フライパンに鶏が隠れるくらいの量のサラダオイルを注ぐ。

07 ここで火をつける。中火にして7〜10分ほどかけて85℃までゆっくり温度を上げる。

08 オーブンの天板の上にタオルを4重にしいて、100〜110℃に予熱する。

09 07の鍋にフタをして、鍋ごとオーブンに入れる。30分経過した時点で油の温度をはかり、85〜92℃の範囲内になるように調節する。

10 合計2時間から2時間30分、加熱する（串がスッと通るくらいまで）。

11 鍋の油を少し多めにフライパンに入れ、とり出した肉を皮目から香ばしく焼く（中火〜強めの中火）。

※もし時間に余裕がある場合、10のあと、80〜82℃で4、5時間保つと、さらにしっとりおいしくできます。すぐ食べない場合は油の中にひたしたまま空気と光を遮断して保存しましょう。

MEMO

09で、85℃以下のときはオーブンの温度を10℃上げ、92℃以上になっているときは鍋を丸ごともう1枚別のタオルで包むか、温度を10℃下げてください。この温度ならタオルが燃えることはありません。

06 スチーム
Steam

低温の蒸気で加熱する しっとり感重視の 調理法

蒸し料理ならではの食感が楽しめる

　蒸気の中で加熱するのが「蒸し料理」。低温の蒸気で徐々に加熱するため、沸騰した水でゆでるより肉が固くなりにくく、うまみが水に逃げにくいという利点があります。
　「蒸し料理はヘルシー」というイメージがありますが、油を使わずに調理するというだけのことで、蒸すことで食材の脂が抜けやすくなるわけではありません。固くなりにくく、うまみが流れ出しにくいというメリットがある調理法と考えてください。
　もしも包んだシュウマイを鍋でそのままゆでてしまったらどうでしょう？　食べられないことはないでしょうが、いくら水からゆっくりゆでても、皮はとけかけ、中のひき肉は肉団子のようになってしまうはずです。
　鶏肉はゆでてもおいしく食べられますが、蒸したときのしっとり感は抜群です。

　なお、金属製のせいろと竹製のせいろでは、蒸し器内部の温度がかなり異なるので注意が必要です。
　ここで紹介する蒸し鶏、シュウマイについては、なるべく竹製のせいろを使うことをおすすめします。金属製の蒸し器は、竹製のものにくらべてはるかに密閉性が高く、しかも蒸し器の内壁やフタの内側が熱くなるため、そこからの輻射熱も食材に伝わりやすくなり

ます。

　竹製のものは蒸気が適度に抜け、蒸し器自体もさわれなくなるほど熱くはなりません。

　ゆっくり加熱することを目的にするなら、やはり竹製がベスト。金属製のものしかない場合は火をなるべく弱く、フタに少しすき間をつくるなどして、蒸し器内部の温度が上がりすぎないよう工夫してください。

　特にシュウマイや鶏肉1、2枚程度の場合は、肉に熱が早く伝わりやすいので要注意です。

中華料理の定番前菜。お店以上のおいしさを目指せます!

蒸し鶏

- 蒸し器はできるだけ竹製のせいろを使う
- ゆでた野菜はしっかり水気を切る

材料（2人分）

鶏もも肉	200g
酒	40g
白ねぎスライス	5cm分
スライスしたしょうが	2枚
塩	2g

〈つけ合わせ〉

もやし	50g
きゅうり	30g
トマト	100g

〈タレ〉

長ねぎ	5g
しょうが	5g
青ねぎ	3g
しょうゆ	10g
砂糖	8g
酢	8g
ごま油	5g
ラー油	2g
粉さんしょう	1/2cc

作り方

01 バットにねぎとしょうがのスライス、塩をふった鶏肉をおいて上から酒をふりかける。

02 強火にした蒸し器（せいろ）で約10分加熱する。

03 鶏肉をとり出して冷ます。

04 鍋に1.5％の塩水をつくり、もやしときゅうりの千切りを入れる。

05 弱火～弱い中火にかけて80℃までゆっくり温度を上げる。

06 ザルで湯切りし、水気をしっかり切る。

07 ボウルに長ねぎ、しょうがのみじん切り、青ねぎの小口切り、しょうゆ、砂糖、酢、ごま油、ラー油、粉さんしょうを入れてまぜる。

08 食べやすい大きさに切った鶏肉ともやし、きゅうり、トマトを器に盛りつけて、タレを回しかける。

実は餃子よりずっと簡単！とっておきのひと品に
ポークシュウマイ

20
スチーム

- ひき肉は手ではなくすりこぎ棒などでしっかり結着させる
- 高温になりすぎないよう竹製せいろでじっくり蒸す

材料（2人分）

シュウマイの皮	15枚
豚ひき肉	150g
エビのむき身	50g
たまねぎ	30g
干ししいたけ	3g
グリンピース	15粒
塩	2.3g
砂糖	4g
こしょう	ペッパーミル6回転程度

作り方

01 たまねぎはみじん切り、しいたけは水でもどしてこまかくきざみ、グリンピースは塩分濃度1.5%の湯で3分ゆでておく。

02 エビをこまかくきざみ、ボウルに入れてすりこぎ棒で突いてさらにつぶす。

03 02にひき肉と塩を加えて再度よくまぜ、しっかり結着させる。

04 きざんだたまねぎを冷たいフライパンに入れ、サラダオイルをからめて弱火で5分いためたら、冷ましておく。

05 03のボウルに冷ましたたまねぎともどしてきざんだ干ししいたけ、砂糖、こしょうを入れて木べらなどでまぜ合わせる。最後に手で6、7回軽くまぜ、空気を抜いておく。

06 シュウマイの皮の四隅を1cmほど斜めに切り落としておく。

07 皮で具を包み、中心にゆでたグリンピースをのせる。

08 温めておいた蒸し器（せいろ）で10〜13分蒸す。

MEMO

ハンバーグやミートローフと同様、ひき肉をまとめるときは、すりこぎ棒などでこねて熱を加えないようにします。そうすると、肉がしっかり水分を保持したまま仕上がります。餃子も私は同じ方法でつくりますが、これもハンバーグと同様、「皮にはしを入れたとたん肉汁があふれる」というタイプのものではありません。シュウマイとは、あふれるスープより肉のうまみを味わうものです。

PROFILE

水島弘史〈Hiroshi Mizushima〉

フランス料理シェフ、料理研究家。1967年、福岡県に生まれる。大阪あべの辻調理師専門学校および同校フランス校卒業後、フランスの三つ星レストラン「ジョルジュ・ブラン」で研修。帰国後、渋谷区恵比寿のフレンチレストラン「ラブレー」に勤務、1994年より3年間シェフを務める。2000年7月に恵比寿にフレンチレストラン「サントゥール」を開店。後に「エムズキッチンサントゥール」と改め、2009年4月まで営業。現在は、麻布十番にて水島弘史の調理・料理研究所を主宰し、すべての料理に通じるプロのルールを伝えている。

◎水島弘史の調理・料理研究所
http://mizushimacuisine.sakura.ne.jp/

本当においしい肉料理はおウチでつくりなさい

2017年9月5日　第1刷

著　者　　水島弘史

発行者　　小澤源太郎

責任編集　株式会社プライム涌光

電話　編集部　03(3203)2850

発行所　　株式会社青春出版社

東京都新宿区若松町12番1号〒162-0056
振替番号　00190-7-98602
電話　営業部　03(3207)1916

印刷　大日本印刷　製本　フォーネット社

万一、落丁、乱丁がありました節は、お取りかえします。
ISBN978-4-413-11226-0 C2077
© Hiroshi Mizushima 2017 Printed in Japan

本書の内容の一部あるいは全部を無断で複写（コピー）することは著作権法上認められている場合を除き、禁じられています。